Para Tom, Sarah,
Nigel, Sabrina e Kim
por sua ajuda e pelos
conselhos gentis.

Mamãe botou um ovo!

Babette Cole

editora ática

— Bom — a mamãe e o papai disseram.
— Achamos que está na hora
de contar pra vocês...

...como são feitos os bebês.

— Tá bom — nós respondemos.

— As meninas são feitas de açúcar, temperos,
cheiro de rosas e outras coisinhas mimosas
— a mamãe falou.

— Os meninos são feitos de lesma, caramujo
e pedaço de rabo de cachorro sujo
— o papai contou.

— *Alguns bebês são trazidos por dinossauros.*

— Eles podem também
ser feitos de bolacha
— disse a mamãe.

– Às vezes a gente acha bebês embaixo
das pedras – disse o papai.

— Também se pode plantar semente de bebê em vasos

cultivá-los numa estufa — disse a mamãe.

— *Ou simplesmente comprar tubos com pasta de bebê.*

— A mamãe botou um ovo no sofá — o papai disse. — Ele...

...explodiu.

— *E espirrou vocês dois para fora.*

— Hi hi hi, ha ha ha, ho ho ho. Que monte de bobagem! — nós rimos.
— Mas vocês quase acertaram quando falaram das SEMENTES, do TUBO e do OVO.

— Nós achamos que vocês não sabem como os bebês são feitos de verdade. Então, vamos fazer uns desenhos pra mostrar como é.

– A mamãe tem ovos mesmo.
Eles ficam dentro da barriga dela.

— E o papai tem sementes, nos saquinhos de sementes que ficam fora do seu corpo.

Isto encaixa

— O papai também tem um tubo.
As sementes que estão
nos saquinhos saem por ali.

AQUI

— O tubo entra na barriga da mamãe por um pequeno buraco. Então, as sementes nadam lá dentro com a ajuda de seus rabinhos.

— *Vejam só algumas maneiras...*

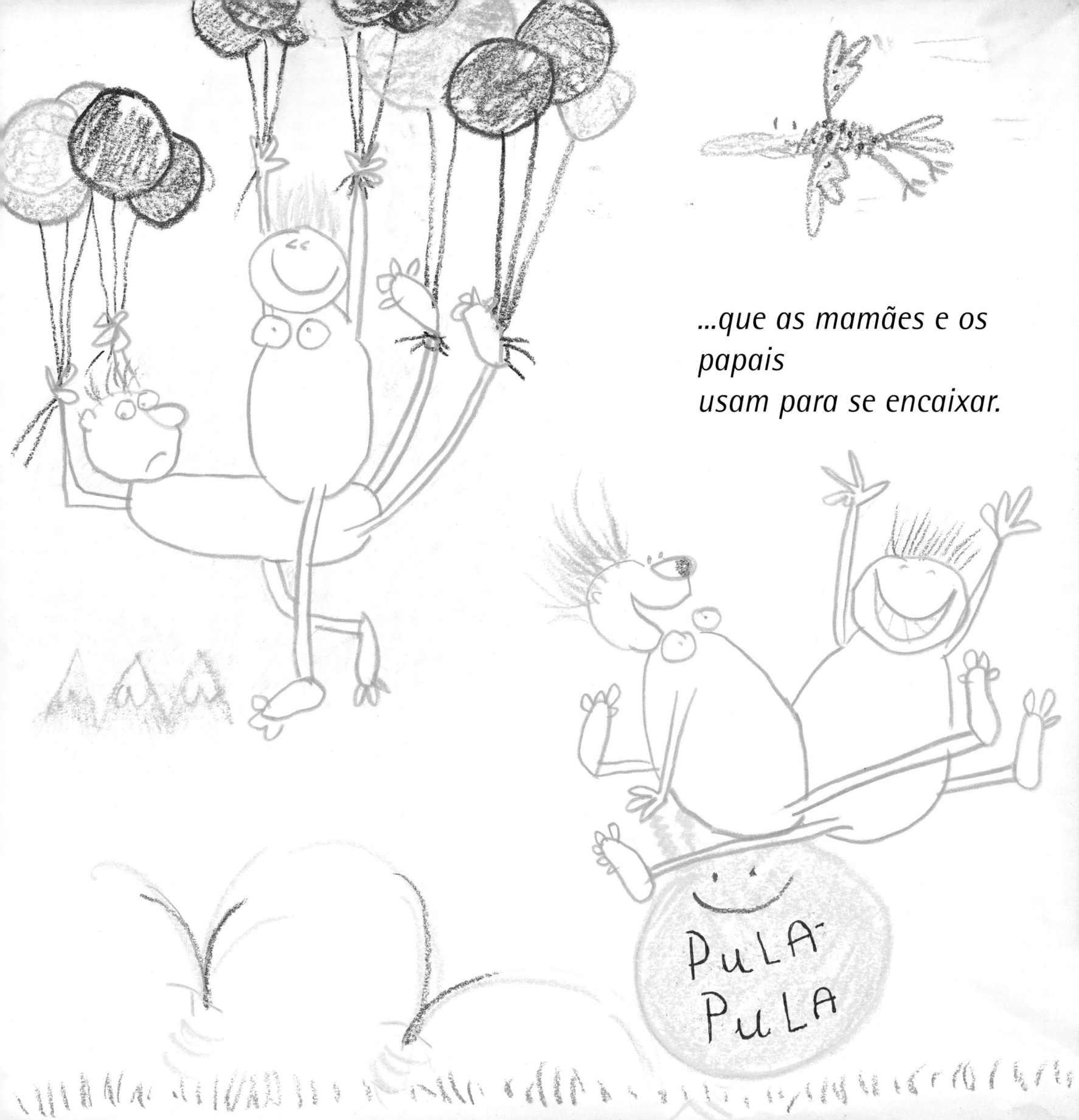

*...que as mamães e os papais
usam para se encaixar.*

PuLA-
PuLA

— *Quando as sementes chegam na barriga da mamãe, elas começam A Grande Corrida Ao Ovo.*

— *O vencedor chega ao ovo, e o ovo começa a se transformar num bebê bem pequenininho.*

– O bebê vai ficando maior...

– E a mamãe vai ficando mais gorda...

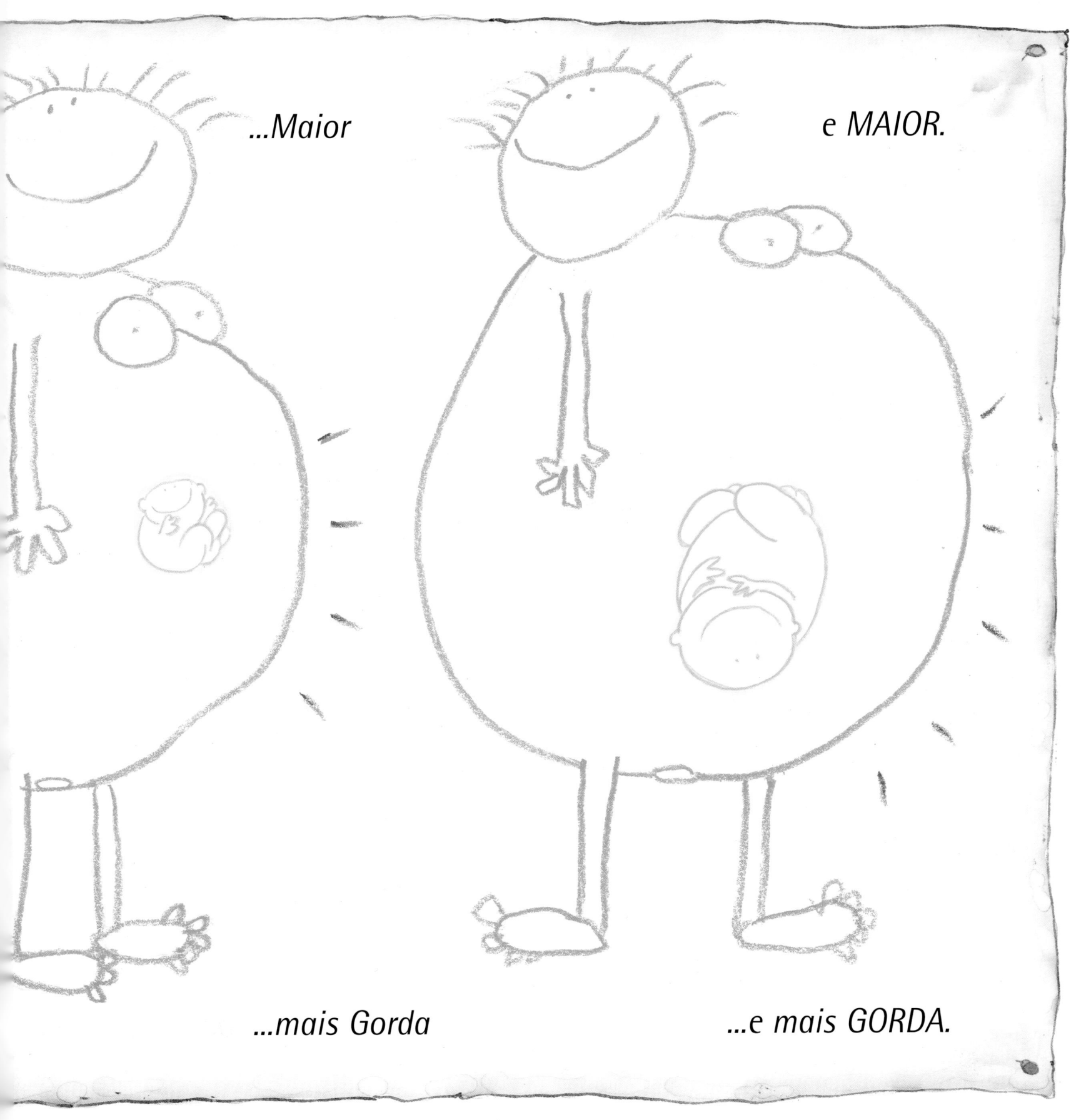

— Quando fica pronto,
o bebê salta pra fora.

— *E agora VOCÊS já sabem...*

...o que todo mundo já sabe!

Este livro foi considerado Altamente Recomendável para a Criança,

categoria Livro Informativo, pela FNLIJ, 1994.

Edição brasileira

Editora
Lenice Bueno da Silva

Editor de arte
Alcy

Editora-assistente
Anabel Ly Maduar

Tradução
Lenice Bueno da Silva

Editoração eletrônica
Eliana S. Queiroz

Copyright © Babette Cole, 1993
Título original: Mummy Laid an Egg!
Publicado por Jonathan Cape Ltd, 20 Vauxhall Road, London SW1V2SA

7ª edição
1998

Todos os direitos reservados pela Editora Ática, 1994
Rua Barão de Iguape, 110 – CEP: 01507-900
Tel.: (011) 278-9322 – Fax: (011) 277-4146
Caixa Postal 2937 – CEP: 01065-970 – São Paulo – SP
Internet: http://www.atica.com.br
e-mail: editora@atica.com.br
ISBN 0 224 03645 9 (edição original)
85-08-04756-8
Printed in Hong Kong